BEI GRIN MACHT SICH IHR WISSEN BEZAHLT

AF143588

- Wir veröffentlichen Ihre Hausarbeit,
  Bachelor- und Masterarbeit

- Ihr eigenes eBook und Buch -
  weltweit in allen wichtigen Shops

- Verdienen Sie an jedem Verkauf

Jetzt bei www.GRIN.com hochladen und kostenlos publizieren

Bibliografische Information der Deutschen Nationalbibliothek:

Die Deutsche Bibliothek verzeichnet diese Publikation in der Deutschen National-
bibliografie; detaillierte bibliografische Daten sind im Internet über http://dnb.d-
nb.de/ abrufbar.

Impressum:

Copyright © 2015 GRIN Verlag, Open Publishing GmbH
Druck und Bindung: Books on Demand GmbH, Norderstedt Germany
ISBN: 9783668308763

Dieses Buch bei GRIN:

http://www.grin.com/de/e-book/340970/die-behandlung-des-themas-tod-mit-bilder-
buechern-in-der-grundschule

Cindy Dülfer

Die Behandlung des Themas Tod mit Bilderbüchern in der Grundschule

Eine Untersuchung des Bilderbuchs „Ente, Tod und Tulpe" von Wolf Erlbruch

GRIN Verlag

GRIN - Your knowledge has value

Der GRIN Verlag publiziert seit 1998 wissenschaftliche Arbeiten von Studenten, Hochschullehrern und anderen Akademikern als eBook und gedrucktes Buch. Die Verlagswebsite www.grin.com ist die ideale Plattform zur Veröffentlichung von Hausarbeiten, Abschlussarbeiten, wissenschaftlichen Aufsätzen, Dissertationen und Fachbüchern.

Gliederung

1. Einleitung

Bücher und andere, auch digitale Medien stehen in der heutigen Zeit im Mittelpunkt eines guten, auf literarisches Lernen besonnenen Unterricht, dessen Ziel es zudem sein sollte, die Lesemotivation zu steigern. Auch die Kultur des Vorlesens spielt vor allem in der Grundschule hierbei eine entscheidende Rolle, um die Kinder für Literatur und Lesen zu begeistern. Das Bilderbuch ist zumeist hierin die erste Zugangsform, welche die Kinder zur Literatur erhalten. Jedoch müssen auch diese von der Lehrperson gut ausgewählt, vorbereitet und behandelt werden, da sie oft sehr anspruchsvoll, facettenreich oder auch emotional bewegend sein können. Gerade, wenn es um die Themen Familie, Toleranz, aber auch insbesondere um den Tod geht, brauchen Kinder Hilfe und Unterstützung bei der persönlichen Aufarbeitung dieser komplexen Sachverhalte. Der Tod und der Umgang mit diesem stellt eine große Herausforderung nicht nur für Kinder, sondern auch für Erwachsene dar. Daher wird er oft als unangebracht und furchterregend deklariert und Erwachsene versuchen Kinder vor diesem und dessen mit sich bringende Trauer zu schützen und reden daher oft nicht über dieses Thema. Dennoch begegnen Kinder dem Tod im Alltag auch mit Schutz kontinuierlich beispielsweise wenn eine Katze überfahren wird, ein Familienangehöriger oder ein geliebtes Haustier stirbt. Das Behandeln des Themas Tod ist mit Hilfe ausgewählter Bilderbücher im Deutschunterricht der Grundschule in ihrer wesentlichen Aufgabe als Sozialisationsinstanz möglich und unabdingbar, wenn die Lehrkraft das Ziel verfolgt, Kinder die Möglichkeit zu geben, über ihre Erfahrungen und den Tod selbst zu sprechen, ihre Fragen zu stellen und mit ihrer Trauer besser umzugehen.

Diese wissenschaftliche Hausarbeit zum Thema „Die Behandlung des Themas Tod mit Bilderbüchern in der Grundschule" soll sich der Problem- und Fragestellung widmen, wie man den Kindern im Deutschunterricht eine erweiterte Ansicht über das Thema Tod mit Hilfe der Auswahl verschiedener Bilderbücher geben kann. Um zu einem solchen Erkenntnisgewinn zu gelangen, muss zunächst versucht werden, den Tod an sich zu erfassen. Daher wird im ersten Teil dieser Arbeit versucht, diesen vielschichtigen Begriff zu definieren als auch seine Bedeutung und letztendlich seine Relevanz für die Behandlung in der Grundschule aufzuführen. Aus diesen Erkenntnissen heraus soll dann das Augenmerk auf das Bilderbuch „Ente, Tod und Tulpe" von Wolf Erlbruch gerichtet werden. Dabei soll versucht werden, anhand von zahlreichen Aspekten das Bilderbuch und seine Darstellung des Themas zu analysieren. Der anschließende Vergleich mit einem weiteren Bilderbuch soll mögliche Vor-und Nachteile in der Darstellung des Todes aufzeigen sowie die unterschiedlichen Betrachtungsweisen der Bilderbücher zu diesem Thema als auch die unabdingbare Wichtigkeit einer sorgsamen Auswahl des Bilderbuches durch die Lehrkraft darstellen. Aus diesen Analysen heraus sollen dann mögliche Ansätze entwickelt werden, wie das Thema im Unterricht behandelt werden kann als auch das literarische Lernen der Kinder mit Hilfe des Buches betrachtet werden. Die Schlussbetrachtung am Ende dieser Arbeit soll das gesammelte Wissen auswerten und zusammenfassen, einen Ausblick geben als auch ein Fazit ziehen.

Im Rahmen dieser wissenschaftlichen Arbeit kann nicht geleistet werden, mehrere Bilderbücher hinsichtlich der Thematik zu untersuchen. Jedoch können die Ausführungen wesentliche Erkenntnisse für den Umgang der Thematik mit und in Bilderbüchern geben, um Möglichkeiten zu erkennen, diese in die unterrichtliche Praxis zu integrieren. Hierfür soll die These verfolgt werden, dass durch die Auswahl unterschiedlicher Bilderbücher ein verschieden ausgeprägtes Verständnis vom Thema vermittelt und gefördert werden kann.

2. Der Tod

Für die Frage, inwiefern das Verständnis beim Kind für den Tod gefördert werden kann und welche Chancen und Grenzen sich hieraus für die Lehrperson ergeben, muss zunächst geklärt werden, was überhaupt unter dem Begriff des Todes verstanden wird und was er für die Kinder bedeutet. Durch die Erfassung kann anschließend eine Untersuchung hinsichtlich der Relevanz und Bedeutung für die Behandlung des Themas in der Grundschule stattfinden, um konkrete Begründungen für die Wichtigkeit der Behandlung dieser Thematik aufzuführen.

2.1. Was ist der Tod? - Definitionsansätze

Kein anderer Begriff wird von den Menschen so intensiv versucht zu erfassen wie der des Todes, gerade weil er als so schwer zu definieren gilt. Vor allem weil wir den Zustand des Todes nicht selbst erleben und davon berichten können, wie und was er ist, gibt es so zahlreiche Vorstellungen als auch Ansichten über ihn. Dr. Ferry Kienberger übernimmt in ihrem Buch „Der Tod und seine Spuren im Leben: Aktuelle Erkenntnisse und Einblicke über das Jenseits" jedoch die geschätzte Definition des Medizin Lexikons, das den Tod folgendermaßen definiert: „Der Tod ist das Ende des Lebens. Er ist durch das unumkehrbare Erlöschen der körperlichen und der aktiven geistigen Existenz eines Lebewesens gekennzeichnet." (Kienberger zit.n. Medizin Lexikon 2009, S. 181). Mit diesem Definitionsversuch werden bereits wesentliche Faktoren beschrieben, wie sie sich ebenso auch schon bei Kindern bis zum zehnten Lebensjahr entwickeln: die Non-Funktionalität (alle lebensnotwendigen Funktionen erlöschen mit dem Tod) und die Irreversibilität (dieses Erlöschen und mit diesem auch der einhergegangene Tod ist unumkehrbar) (Vgl. Wenzel & Traub 2001, S. 1). Wenzel und Traub erweitern diese Definition noch um zwei weitere Faktoren, die Erkenntnisse über den Tod bringen. Der Tod sei durch Universalität gekennzeichnet, was bedeutet, dass erkannt werden muss, dass ausnahmslos alle Menschen (und andere lebensfähigen Organismen) sterben müssen (Vgl. Wenzel & Traub 2001, S. 1). Weiterhin ist der Faktor der Kausalität zentral (Vgl. Wenzel & Traub 2001, S. 1). Für den Tod ergeben sich hieraus unterschiedliche Ursachen für das Sterben (Vgl. Wenzel & Traub 2001, S. 1). Besonders letzteres ist für Kinder als auch Erwachsene von Bedeutung, wenn es darum geht, wie mit dem Tod und der Trauer umgegangen wird, wenn natürliche Todesfaktoren oder gewaltsame Ursachen (z.B. Unfälle, Mord) den Tod bewirkt haben. Wenzel und Traut beschreiben, dass alle der vier Faktoren sich auch bei Kindern bis zum zehnten Lebensjahr ausbilden (Vgl. Wenzel & Traub 2001, S. 1). Die Ursache für diese Entwicklung scheint oft hierin zu liegen, dass die Kinder bis zu dieser Zeit alle vier Faktoren an dem Tod anderer (Haustier, geliebter Mensch) selbst erfahren und verinnerlicht haben. Ab dem fünften Lebensjahr beginnt die Furcht der Kinder vor dem Tod zunächst jedoch als alleinige Verkörperung des Abschiednehmens (Vgl. Rogge 2015). Diese Furcht wird zumeist durch den Schutz der Eltern oder anderer Mitmenschen verstärkt, die den Tod solange wie nur irgend möglich von den Kindern fernhalten möchten und dadurch regelrechte Angst vor der Schrecklichkeit des Todes in den Kindern bekräftigen, die dann mit der Zeit auf den Tod selbst projiziert wird. „Die meisten Kinder haben ja, wenn die Erwachsenen nicht ständig diese Angst in sie hineinbringen, gar nicht soviel Angst vor dem Tod, vor dem toten Menschen oder so. Meistens sind es die Eltern, die schon von vorneherein die Kinder irgendwo versuchen fernzuhalten und die Kinder denken: Mein Gott, warum halten die mich bloß davon fern, das muss ja furchtbar sein." (Grammatikos 2012 zit. n. NDR Kultur 2010).

Die Grenze, wann das Leben aufhört und der Tod beginnt, steht nach wie vor in der Diskussion. Streckeisen beschreibt diesen schwierigen Sachverhalt jedoch so: „Je weiter weg man von der Grenze ist, desto klarer ist der Unterschied zwischen Leben und Tod. Je näher man an der Grenze ist desto unschärfer wird sie." (Kienberger zit.n. Streckeisen 2009, S. 182). Jedoch gibt es sichere Todeszeichen, den den Tod aussagen. Zu diesen zählen beispielsweise die Leichenstarre, Totenflecke oder Verwesung (Vgl. Kienberger 2009, S. 182). Der Hirntod gilt jedoch in der Justiz nachhaltig als das Zeichen der Beendigung des Lebens und dem Verlust der Rechtsfähigkeit (Vgl. Kienberger 2009, S. 182). Der Duden beschreibt den Tod nicht nur als eintretender Zustand des Menschen, sondern personifiziert ihn erstmals. Der Tod sei demnach eine „meist schaurige, düstere, grausame Gestalt" bzw. eine „die Endlichkeit des Lebens versinnbildlichende Gestalt" (Duden 2015).

2.2. Was bedeutet der Tod?

Für Kinder kann der Tod mit vielen Gefühlen einhergehen: Schock, Trauer, Verunsicherung oder auch Schuldgefühle. Jedoch kann die Bedeutung des Todes für das einzelne Kind nicht generalisiert werden. Zentral ist jedoch der Prozess des Abschiednehmens und Verlassenwerdens und der nachfolgende Zustand: das Gefühl des Alleinseins, Verlassenseins (Vgl. Rogge 2015). Jedes Kind geht mit diesem Prozess unterschiedlich um und verhält sich entsprechend seiner persönlichen Erlebnisse mit dem Tod oder beim Tod der betroffenen Person. Ebenso entscheidet die Innigkeit des Verhältnisses darüber, was der Tod für das Kind bedeutet. In vielen Bilderbüchern beispielsweise auch im Buch „Gehört das so??!" von Peter Schössow werden aus diesem Grund das Abschiednehmen und Verlassensein anhand eines geliebten Tieres thematisiert, um wichtige Themen der

Kinder aufzunehmen und begreifbar zu machen.

Piaget versucht das, was Kinder in entsprechenden Altersphasen mit dem Tod verbinden und was er für sie bedeutet mit seinem „Todeskonzept" zu beschreiben. Demnach unterscheidet er die sensumotorische Phase (0 - 2 Jahre) (Vgl. Zehnder 2007), bei welcher noch kein Verständnis vom Tod vorliegt (Vgl. Sonderpaed-online.de 2015) von der präoperationalen Phase (2 – 6 Jahre) (Vgl. Zehnder 2007), in welcher ein gewisser Egozentrismus vorliegt (Vgl. Sonderpaed-online.de 2015). Der Tod liegt hierbei schon im Verständnis des Kindes vor, kann jedoch nur andere Menschen treffen (Vgl. Sonderpaed-online.de 2015). Der eigene Tod ist nicht vorstellbar (Vgl. Sonderpaed-online.de 2015). Unmittelbar daran folgt die konkret-operationale Phase (6 – 12 Jahre) (Vgl. Zehnder 2007). In dieser Phase wird die Bedeutung des Todes anhand der vier Faktoren Non-Funktionalität, Irreversibilität, Universalität und Kausalität verstanden und demnach auch bewertet (Vgl. Sonderpaed-online.de 2015). In der abschließenden formal-operationalen Phase (ab dem 12. Lebensjahr) (Vgl. Zehnder 2007) des Kindes manifestiert sich das Todesverständnis und die Beschäftigung und Angst mit und vor dem Tod steigt (Vgl. Sonderpaed-online.de 2015).

Ebenso verbindet jeder Mensch und auch jedes Kind andere Vorstellungen mit und über den Tod. Die Ansichten des „Weiterlebens der Seele nach dem Tode" (Bauer 2015), der „Wiederverkörperung (Reinkarnation) der Seele in einem anderen Lebewesen" (Bauer 2015), der „Seelenwanderung" (Bauer 2015) oder des „endgültige(n) Ende(s) der individuellen Existenz" (Bauer 2015) beeinflussen die Bedeutung des Todes für das Individuum. Auch in Bilderbüchern wird sich mit dieser Thematik beschäftigt, was eigentlich passiert, nachdem ein Lebewesen gestorben ist. Ein Beispiel hierfür liefert das Bilderbuch „Ente, Tod und Tulpe" von Wolf Erlbruch, mit welchem sich im dritten Teil dieser Hausarbeit beschäftigt wird. Immanuel Kant beschreibt das Weiterleben nach dem Tode im Sinne des Herzens der hinterlassenen Menschen: „Wer im Gedächtnis seiner Lieben lebt, der ist nicht tot, der ist nur fern; tot ist nur, wer vergessen wird." (Bauer zit.n. Kant 2015). Ebenso gibt es ein Weiterleben des Menschen mit Hilfe seiner erbrachten Leistungen im gelebten Leben, so beispielsweise in der Literatur durch veröffentlichte Werke, in Filmen, in der Musik oder auch in den wissenschaftlichen, politischen und sozialen Leistungen (Vgl. Bauer 2015). Dem Tod wird damit seine zerstörerische Wirkung und Bedeutung genommen und bietet damit zentrale Punkte für unterrichtliche Behandlungen, da er für Kinder somit besser individuell erfahren werden kann.

2.3. Bedeutung und Relevanz für die Grundschule

Da der Tod immer noch in der Familie als auch in der Gesellschaft ein Tabu-Thema darstellt, wird er überwiegend aus dem Alltag verdrängt. Oftmals sind es hierbei die Erwachsenen, die Unsicherheit und Angst ausstrahlen und versuchen, die Kinder vom Tod und der Trauer abzuschirmen (Vgl. Grammatikos 2012, S. 2). Dadurch wird den Kindern selten die Möglichkeit gegeben, ihre offenen Fragen zu stellen und sich mit ihm zu beschäftigen. Kinder haben jedoch Interesse am Tod und am

Sterben, nicht zuletzt, weil er ein Teil des Lebens darstellt (Vgl. Grammatikos 2012, S. 2). Jedoch konnte gezeigt werden, dass sie zunächst glauben, der Tod könnte nur andere Menschen treffen (Vgl. Sonderpaed-online.de 2015). Dabei trifft auf den Tod der Faktor der Universalität zu (Vgl. Wenzel & Traub 2001, S. 1) und die Kinder haben ein Recht darauf, zu erfahren, dass jeder Mensch irgendwann einmal sterben muss. Tiziano Terzani beschreibt den Lebensgewinn durch diese Erkenntnis folgendermaßen: „Wenn man jung ist, denkt man immer, der Tod treffe nur die anderen. Würde man hingegen schon als Kind lernen, dass er Teil des Lebens ist und ins Leben integriert werden kann, wäre das Leben viel schöner, denn es wäre um diesen Kontrast und diese Dimension reicher." (Grammatikos zit. n. Terzani 2012, S. 3). Gerade aus diesem von Terzani angesprochenen Grund, aber auch aus diesem, dass zumeist Eltern und Familienangehörige diese Arbeit nicht fähig sind zu leisten, kann und sollte die Schule diese wichtige Aufgabe übernehmen.

Kinder sollten den Unterricht als Gegenstand wahrnehmen, der ihnen Zeit und Raum gibt, sich individuell, angstfrei und offen mit dem Tod auseinanderzusetzen als auch die Möglichkeit gibt, Fragen zu stellen und Gedanken untereinander auszutauschen (Vgl. Grammatikos 2012, S. 2). Besonders eignen sich für die Grundschule hierfür problemorientierte Bilderbücher, die bei den Kinder mit Hilfe der Lehrperson eine gewisse Sensibilität für problemhaltige Themen wie Familie, Toleranz und Respekt oder auch den Tod erzeugen. Weiterhin können durch die Behandlung im Deutschunterricht literarische Kompetenzen wie der Umgang mit Text und Bild oder Fähigkeiten wie „Lesen, Betrachten, Erzählen, Erleben, Vergleichen, Werten, und In-Beziehung-Setzen" aufgebaut und unterstützt werden (Lorz zit. n. Schulz 2005).

Durch die Verwendung der problemorientierten Bilderbücher beispielsweise zum Thema Tod kann die Lehrperson viele Ziele bei den Kindern verfolgen. Dadurch, dass Kinder mit dem Tod oft unmittelbar in Berührung kommen (zumeist erstmals durch den Tod eines Haustiers) und er obendrein zum Interessenfeld der Kinder gehört, entstammt er unmittelbar aus der kindlichen Lebenswelt. Bei entsprechender qualitativer Auswahl des Bilderbuchs, welche die Aussagen den Kindern vermitteln, die pädagogisch gewünscht werden und als wertvoll eingestuft werden, können bei den Kindern Denkprozesse angestoßen werden. Das Bilderbuch fordert die Kinder zur „Reflexion und Stellungnahme, zum Nachvollziehen des Konfliktes und auch zum Nachdenken auf, wie der Konflikt gelöst werden könnte." (Lorz zit.n. Hollstein & Sonnenmoser 2006, S. 68). Besonders auch ist es beim Thema Tod zentral, dass die Kinder ihn mit individuellem Abstand begegnen können und dadurch Distanz zu ihm gewinnen. Zumeist wird dadurch in Bilderbüchern auf die Verwendung von Tieren wie in „Ente, Tod und Tulpe" von Wolf Erlbruch zurückgegriffen. Jedoch kann auch mit dem Bilderbuch „Gehört das so??!" von Peter Schössow, in welchem ein Mädchen den Tod über den Vogel Elvis erfährt, den Kindern vermitteln, dass sie nicht allein sind, wenn jemand gestorben ist. Sie können das Gefühl bekommen, dass auch andere Kindern den Tod erfahren, trauern und damit umgehen müssen. Gerade durch diese Erkenntnis ist es für sie leichter, mit den eigenen Problemen und Schwierigkeiten umzugehen, aber auch Sensibilität für die Situation anderer Kinder zu bekommen, sich in Lage anderer zu versetzen und Verständnis dafür zu bekommen.

Die Bedeutung und Relevanz, dem Tod in Form von Bilderbüchern Einzug in den Deutschunterricht der Grundschule zu gewähren, ist daher von großer Wichtigkeit. Nach Hollstein und Sonnenmoser sollte die Schule den Schülern Bilderbücher anbieten, „die kindliche Probleme und Konflikte behandeln und beispielhaft Möglichkeiten ihrer Bewältigung zeigen" (Lorz zit.n. Hollstein & Sonnenmoser 2006, S. 75). Gerade auch, weil der Tod in seiner Bewältigung für Erwachsene so viel Schwierigkeit mit sich bringt, sollten Kinder unter pädagogischer Anleitung in das Wissen hin zu einer Akzeptanz des Todes und zu Umgangsmöglichkeiten eingeführt werden.

3. Die Bearbeitung des Themas Tod mit Bilderbüchern in der Grundschule

3.1. Das Bilderbuch „Ente, Tod und Tulpe" von Wolf Erlbruch

Das Thema Tod lässt sich anhand von vielen verschiedenen Bilderbüchern und ihren unterschiedlichen Darstellungsformen behandeln. Das Bilderbuch „Ente, Tod und Tulpe" von Wolf Erlbruch stellt in seiner Darstellungsform vom Tod hierbei etwas ganz Besonderes dar. Die Frage „Was kommt nach dem Leben?" wird sehr einfühlsam und bedächtig von Erlbruch behandelt. Dabei lässt er Leben und Tod zusammenkommen und beschreibt es als eine Einheit, die in Zufriedenheit ineinander übergehen kann. Obendrein wird das Leben mit dem Tod als lebenswert beschrieben und darauf verwiesen, dass das Leben genutzt werden sollte, um etwas „Aufregendes" (Vgl. Ente, S. 19) zu machen, nahezu dem Motto des römischen Dichters Horaz' „Carpe diem – Nutze / Genieße den Tag!" (Horaz 23 v. Chr.). Dem Kind wird in diesem Bilderbuch gewissermaßen die Angst vor dem Tod genommen und erfährt diesen schon beinahe als liebenswert und freundlich.

Wie der Titel bereits beschreibt, treffen in diesem Bilderbuch eine Ente, der Tod und eine Tulpe aufeinander. Es existieren keine Nebenfiguren oder andere vom eigentlichen Geschehnis ablenkende Elemente, lediglich ein paar Schauplätze. Das Wesentliche liegt dem Leser direkt vor Augen. Der Tod begleitet die Ente bereits ihr ganzes Leben lang und ist immer in ihrer unmittelbaren Umgebung – für alle Fälle. Eines Tages jedoch gibt er sich ihr zu erkennen und die Ente glaubt erschreckt, er komme sie holen und sie müsse sterben. Jedoch ist dies zunächst nicht der Fall. Der Tod und die Ente nehmen Kontakt zueinander auf, führen Gespräche und machen Unternehmungen, wobei sie sich immer mehr annähern. Nahezu eine Freundschaft entsteht. In naher Zukunft jedoch stirbt dann ohne jeden greifbaren Grund die Ente und der Tod trägt sie liebevoll zu einem Fluss, legt die Tulpe auf ihrem Körper ab und lässt sie stromabwärts dahingehen.

Das Bilderbuch „Ente, Tod und Tulpe" von Wolf Erlbruch ist im Jahre 2007 im Antje Kunstmann Verlag in München erschienen. Die gebundene Ausgabe beinhaltet 32 Seiten.

3.1.1. Die bildliche Darstellung

Besonders fällt im Bilderbuch die sparsam und bescheiden verwendete bildliche Darstellung auf. Diese lässt darauf vermuten, dass sich Erlbruch auf das Wesentliche konzentrieren und den Leser dies ebenso vor Augen führen wollte. Es werden Zeichnungen verwendet. Der Hintergrund ist zumeist rein weiß gehalten, es sind nur ein paar Blumen, Blätter und Zweige von vermutlich dastehenden Sträuchern und Bäumen zu erkennen. Dadurch stehen die beteiligten Figuren von der Außenwelt isoliert und werden lediglich vom Text über bzw. unter ihnen oder auf der jeweiligen anderen Seite begleitet. See und Fluss sind im Buch sehr grob und undetailliert gezeichnet, lediglich die Umrandungen sind erkennbar. Ebenso wirkt der Baum, auf den Tod und Ente klettern sehr erstaunlich und irritiert zunächst. Er ist vollständig in beige gehalten, was vermuten lässt, dass die Jahreszeit, in welcher das Bilderbuch spielt, vermutlich der Herbst ist, der Stamm ist dünn, schmal und sehr lang, die Baumkrone klein und sehr eng in den Zweigen miteinander verschachtelt. Anhand der Blätter, die man erkennen und zum Teil identifizieren kann, handelt es sich bei diesem Baum vermutlich um eine Esche. Wird zu der Bedeutung des Baumes Esche weiter recherchiert, so ergibt sich, dass Esche-Geborene zumeist phantasievoll und für alle Schattierungen des Lebens offen sind (Vgl. Kasten 2003, S. 73). Weiterhin sprühen sie vor Begeisterungsfähigkeit, sind sehr ausdauernd und besitzen eine positive Denkweise (Vgl. Kasten 2003, S. 73). Diese Eigenschaften treffen sehr gut auf die Ente zu, da sie ihre Ausdauer bei den Gesprächen mit dem Tod beweist, der oft nur auf das antwortet, was die Ente sagt oder fragt, aber auch ihre Begeisterung für alles Neue und Aufregende, ebenso nicht zuletzt jedoch auch ihre positive Denkweise, dass sie einmal, wenn sie gestorben ist, zum Engel wird und auf einer Wolke sitzt. Als die Ente oben auf dem Baum mit dem Tod beginnt, über den Tod zu sprechen, fliegt ein schwarzer Rabe vorbei. Der Rabe gilt „als der einzige Vogel, der ins Jenseits und wieder zurück fliegt" (Meadows 2000). Weiterhin gilt er als „Botschafter der Zwischenwelt" (Meadows 2000), in der Mythologie ist er auch als Todesbote bekannt (Vgl. Meadows 2000). Zumeist kennt man ihn jedoch landläufig als Unglücksbote und Tier der Finsternis (Vgl. Meadows 2000). Dies alles lässt bereits hier vermuten, dass möglicherweise bald mit der Ente etwas Schlimmes geschehen wird, was sich letztendlich in dem nachfolgenden Tod am Ende des Buches bestätigt. Die Ente befindet sich bereits nun schon in einer Art Zwischenwelt, da ihr Tod beinahe unaufhaltsam besiegelt ist (plötzliches Wahrnehmen von der Figur des Todes, der die Toten abholt; Vorbeifliegen des Raben als Todesbote und der ins Jenseits Fliegende). Als die Ente gestorben ist, wird die Tulpe erstmals richtig vom Leser wahrgenommen, da sie im Vordergrund liegt. Der Hintergrund ist das einzige Mal nachtblau und dunkel. Die aufleuchtenden weißen Punkte symbolisieren Schneeflocken. Demzufolge ist es Winter geworden. Schnee wird in der Traumdeutung mit den Assoziationen und gerade auch in der Spiritualität mit „Reinheit, Emotionen im Schwebezustand, Klarheit, Ende und Neubeginn" (Kirschner 2015) aber auch mit „Schönheit und das Dahinschmelzen von Schwierigkeiten" (Kirschner

2015) verbunden. Diese Assoziationen passen eindeutig zum Tod der Ente, mit welchem ihr Leben endet, die Schwierigkeiten des Lebens dahinschmelzen und etwas Neues durch den Eintritt des Todes beginnt. Weiterhin sind die Farben sonst im gesamten Buch sehr sparsam verwendet worden und kaum auffällig.

Die bildliche Darstellung der Figuren ist ebenso eine äußerst interessante. Die Ente ist sehr auffällig. Sie besitzt weißes Gefieder und einen sehr untypisch langen Hals, den sie oft noch in die Höhe streckt, um noch länger und größer zu wirken. Ebenso ist der Schnabel besonders lang gehalten. Auffallend sind im Vergleich zu ihrer Körpergröße und langem Hals die sehr kurzen Beine. Ebenso ist ein zum Teil menschliches Verhalten bei ihr sichtbar. In der bildlichen Darstellung bedient sie sich kein einziges Mal ihrer vorhandenen Flügel, sondern läuft nur neben dem Tod umher. Auch klettert sie auf den Baum, statt auf ihn hinauf zu fliegen, was sehr irritiert. Der Tod wird durch ein Skelett veranschaulicht. Jedoch ist nur der Schädel mit zwei großen Aushöhlungen für die Augen und eine winzige für die Nase zu sehen. Die Augen werden durch zwei schwarze Punkte in den Aushöhlungen symbolisiert. Der Mund ist durch einen Strich, der sich je nach Emotion verändert, gekennzeichnet. Der Rest des Körpers und damit der größte Teil des eigentlichen Skeletts ist jedoch verdeckt durch einen langen karierten Mantel mit darunterliegenden Kleid in ebenfalls karierter, aber anderer Farbe als auch trägt er Handschuhe und Schuhe in schwarz. Dadurch, dass er durch ein Skelett verkörpert wird, ist er sehr dünn mit schmaler und zierlicher Figur. Die Tulpe, die der Tod mitbringt, sieht man nur am Anfang und Ende des Buches. Sie ist von weinroter bis leicht schwarzer Farbe. Am Beginn nimmt der Leser sie jedoch zumeist nicht wahr. Sie wird erst beim und nach dem Tod der Ente als solche interessant. Der Tod trägt die Ente liebevoll zu einem Fluss, auf welchem er sie ablegt. Auf ihrem Körper liegt die Tulpe, die er ihr mitgibt. Die Tulpe steht neben der Rose dabei ebenso als Zeichen für die Liebe. Außerdem gilt sie auch als Frühlingsblüher. Diese besiegeln bekannterweise das Ende vom Winter und den Beginn von neuem Leben im Frühling. Dadurch, dass gerade der Tod diese Blume mitgebracht hat, ist zu vermuten, dass dort, wo sie hinkommt, Liebe und ein neues Leben (ein Leben nach dem Tod) auf sie wartet oder dass er dies ihr zumindest wünscht, da er ja selbst im Buch besagt, dass er nicht weiß, was nach dem Tod auf die Ente wartet. Der Fluss erscheint beim Hinwegtragen der Ente sehr breit und gewaltig und biegt dann plötzlich sehr stark nach rechts aus dem Bild ab. Der Tod steht beim Nachsehen in einer nachdenklichen Position – die Hände auf dem Rücken gefaltet.

3.1.2. Der Text

Der Text ist sehr kurz und verständlich. Auch hier wird sich zumeist auf das Wesentliche konzentriert, ohne ausschweifende Beschreibungen. Oft befinden sich nicht mehr als 1 – 5 Sätze auf jeder Seite. Manche Seiten enthalten bei einer Zeichnung, die über eine Doppelseite sich erstreckt, gar keinen Text. Das Bilderbuch lebt daher vor allem durch die zahlreichen Bildzeichnungen, der Text könnte jedoch auch ohne die Bilder stehen, ist daher nicht von ihnen abhängig. Der Text beinhaltet zum Großteil die wörtliche Rede der Ente oder des Todes. Jedoch existiert auch ein neutraler Erzähler, der meist nur in ein oder zwei Sätzen das Geschehen beschreibt und damit die Handlung insofern begleitet, was durch die Dialoge der Ente und des Todes nicht geleistet werden kann.

Es existieren hauptsächlich Unterhaltungen zwischen beiden Figuren. Dabei fällt auf, dass die Ente noch sehr kindlich, begeisterungsfähig, unsicher als auch zum Teil unwissend wirkt, in der Art und Weise, wie sie spricht. Vor allem wird dies an ihren Ansichten über den Tod und ihren Nachfragen an den Tod deutlich, besonders als sie beschreibt, dass sie glaubt, sie käme in den Himmel und würde als Engel auf einer Wolke sitzen und die Erde beobachten, jedoch wenn sie eine böse Ente war, käme sie in die Hölle. Der Tod wirkt ihr gegenüber erwachsener, taffer und überlegener. Zumeist antwortet er nur auf die Fragen und Aussagen der Ente, selten erzählt oder fragt er etwas von sich aus. Dabei wirkt er stets geheimnisvoll und gibt neutrale Antworten, die die Ente und den Leser nicht darüber in Kenntnis setzen, was nach dem Tod geschieht. Die Ente schließt daraus, dass der Tod es selbst nicht weiß. Was er jedoch darüber weiß, behält er für sich. Es lässt sich jedoch durchaus vermuten, dass er sich darin auskennt, was die Ente erwartet. Dies beweist zum einen das Zitat vom Tod, als sie oben auf dem Baum sitzen und die Ente meint: „So ist es also, wenn ich tot bin. [...] Der Teich – allein. Ganz ohne mich." Er antwortet darauf anschließend: „Wenn du tot bist, ist auch der Teich weg – zumindest für dich."

Es ist zu beobachten, dass die Sprache der Ente und des Todes zueinander immer persönlicher und freundschaftlicher wird. Es ist eine Sympathie zu erkennen – Tod und Ente verstehen sich sehr gut miteinander. Auffallend im Text ist auch, dass Erlbruch oftmals Bindestriche für emotionale Gedankenpausen genutzt hat. Der Text erfährt hierdurch eine Unterbrechung und lenkt die Aufmerksamkeit auf das Nachfolgende im Anschluss der Pause. Weiterhin ist bezüglich des eigentlichen Themas auffällig, dass keine angstbesetzte Sprache verwendet wird. Ente und Tod reden ganz natürlich miteinander, ohne dass die Ente Entsetzen oder Angst durch ihre Sprache ausdrückt, bedenke man, dass sie mit dem Tod spricht. Sie wärmt ihn hingegen sogar noch, macht sich Sorgen um ihn und möchte später auch von ihm gewärmt werden. Abschließend ist noch zu sagen, dass die Gespräche viele Interpretationsweisen zulassen, da sie sehr tiefgründig sind und ein jeder etwas anderes in ihnen zu erkennen vermag. Ebenso ist dies auch mit den Bildern so. Hier könnte es eine Chance für den Unterricht in der Grundschule geben, bei der die Kinder sich gegenseitig darüber austauschen könnten, wie unterschiedlich sie die Dinge sehen und interpretieren, um dadurch viele verschiedene und andere Ansichten zu sammeln, ihre eigene Interpretation und Ansicht damit zu erweitern und vor allem die von anderen zu tolerieren.

3.1.3. Die Darstellung des Todes

Die Darstellung des Todes ist in diesem Bilderbuch eine ganz besondere, da das Kind ihn nicht als negativ, erschreckend oder grausam kennenlernt. Bereits am Beginn der Geschichte kann der Leser einen sehr wichtigen Zusammenhang für sich erkennen: Der Tod ist unser ständiger Begleiter! Doch dies gelangt schon gar nicht mehr in unser Bewusstsein. Wir leben mit ständigem Blick auf die Zukunft, gehen zur Schule, studieren, erlernen einen Beruf – alles für die Zukunft, um uns ein gutes Leben zu ermöglichen. Er verhält sich ebenso uns gegenüber auch sehr unauffällig, woraufhin wir ihn gar nicht mehr wahrnehmen. Jedoch zeigt gerade hier der Beginn von „Ente, Tod und Tulpe", dass der Tod immer in unserer Nähe ist und von uns wahrgenommen werden kann. Die lebende Ente entdeckt den Tod – es existiert keine direkte Trennung zwischen Leben und Tod.

Des Weiteren sieht man an der Ente die kindliche Eigenschaft, ganz unbefangen, offen und natürlich mit dem Tod umzugehen. Diese Eigenschaft kann man ebenso auf Kinder beziehen. Demzufolge repräsentiert die Ente das kindliche Gemüt. Sie erschrickt zwar erstmals vor ihm, legt aber sofort ihren Missmut ihm gegenüber ab. Sie entwickelt sogar Sympathien für ihn, was die folgende Textstelle veranschaulicht: „Eigentlich war er nett, wenn man davon absah, *wer* er war – sogar ziemlich nett." Außerdem redet sie unterdessen sogar mit ihm. Der Leser erkennt dadurch, dass der Tod nett ist, zum Leben gehört und man vor ihm keine Angst zu haben braucht. Man muss ihn in seinem Leben akzeptieren, kann mit ihm kommunizieren und ihn mit Sympathie begegnen, der etwas Neues mit sich bringt, anstatt der durch etwas Zerstörerisches das eigene Leben beendet.

Wichtig ist es, in diesem Bilderbuch auch zu sehen, dass der Tod selbst den Tod der Ente nicht praktiziert. Eines Wintermorgens stirbt die Ente ohne jegliches Zutun des Todes. Hier erscheint der Tod, der im Verlauf des Bilderbuchs durch immer vertrauter werdende Gespräche mit der Ente eine freundschaftliche Beziehung zu ihr entwickelt hat, sogar traurig. Er sieht auf sie herab, der Mund ist lediglich zu einem gequälten Strich verzogen. Der Leser empfindet ebenso Trauer, wenn er die Abbildung sieht und dazu den Text liest: „Sie atmete nicht mehr. Sie lag ganz still." Ebenfalls empfindet er Mitleid mit dem Tod und kann seine Trauer nachempfinden. Zentral ist auch, dass die Ente ohne zu leiden, still und sacht stirbt. Der Tod scheint die gesamte Geschichte über mehr zu leiden, als sie es tut, da er vermutlich weiß, dass es bald mit dem Leben der Ente zu Ende sein wird. Sie jedoch scheint voll von Lebensenergie und Freude zu strotzen und den nahekommenden Tod ohne Abneigung und Scheu zu begegnen. Sie lässt ihn zu und akzeptiert ihn, ohne es vielleicht konkret um ihn zu wissen. Durch all dies zusammen wird dem Leser eine komplett neue Sichtweise auf den Tod offenbart: der Tod, der den Tod nicht verursacht, sondern die sterbenden Lebewesen begleitet, sie abholt und mit den besten Wünschen ihrem neuen Leben überlässt.

Nicht zuletzt werden auch die menschlichen Eigenschaften des Todes im gesamten Bilderbuch veranschaulicht. Der Leser erlebt den Tod als Mensch, fühlt und leidet mit ihm mit. Der Tod ist nicht nur eine emotionslose Erscheinung des Lebens, sondern gehört zum Menschen, was ihn wiederum ebenso menschlich macht. Beispielsweise wird der Tod durch einen Körper veranschaulicht, der zwei Arme, Beine und eine Statur besitzt. Er besitzt Augen, Mund und Nase, die er je nach Emotionen verändern kann und diese Emotionen auch ausdrücken können. Er geht zu Fuß, kann (auf Bäume) klettern und empfindet menschliche natürliche Reaktionen. Diese werden dadurch deutlich, dass er im Wasser des Teichs zu frieren beginnt und von der Ente gewärmt werden kann, ein Hinweis darauf, dass er sowohl Körpertemperatur als auch ein Bedürfnis nach Liebe, Wärme und Geborgenheit selbst besitzt. Letzteres wird auch daran deutlich, dass er die Ente selbst wärmen kann und ihrer Aufforderung, sie zu wärmen, nachkommt als auch, dass auf einem Bild zu sehen ist, wie er ihre Flügel ähnlich einem liebevollen Händchenhalten anfasst. Er scheint Gefühle zu haben, die er in Freundschaft, Leiden als auch Glücklichsein äußert und ist auch fähig, nachzudenken und Liebe zu geben. Dies wird vor allem deutlich, als die Ente stirbt, er sie behutsam zum Fluss trägt, die Tulpe auf den Körper legt und die Ente von diesem dann hinfortgetragen wird. Der Tod sieht ihr nachdenklich nach. Dies vollführt er in einer bekannten menschlichen Haltung und der Text weist auf die Schwierigkeit des Gehen- und Loslassens hin, die selbst der Tod zu empfinden scheint: „Lange schaute er ihr nach. Als er sie aus den Augen verlor, war der Tod fast ein wenig betrübt. Aber so war das Leben."

3.1.4. Kritische Betrachtung der Vor- und Nachteile der Darstellung vom Thema und das daraus resultierende Lernen der Kinder

Das Bilderbuch „Ente, Tod und Tulpe" bietet viele Vorteile im Bezug auf das Thema Tod. Jedoch gibt es auch Dinge, die beachtet werden müssen und die eventuelle Nachteile bieten könnten. Der Umgang mit diesen ist die zentrale Aufgabe der Lehrperson bei Bearbeitung des Bilderbuchs.

Positiv zu nennen, ist, dass die Kinder durch dieses Bilderbuch in das Wissen um den Tod miteinbezogen werden. Sie können sich regulär mit ihm beschäftigen, ihre Fragen stellen und sich austauschen. Dadurch wird dem kindlichen Interesse im Unterricht Raum eingeräumt. Durch die zahlreichen verwendeten Symbole (Esche, Rabe, Tulpe) als auch durch spezifische Textstellen (Warum holt der Tod die Ente nicht zu Beginn ab? Was erwartet die Ente nach dem Tod? Wieso stirbt die Ente, ohne dass der Tod etwas dazu geleistet hat? Warum gibt der Tod der Ente die Tulpe mit?) können Diskussionen angefacht und Ansichten ausgetauscht und erarbeitet werden. Weiterhin werden im Bilderbuch alle vier Faktoren (Non-Funktionalität, Irreversibilität, Universalität, Kausalität) (Vgl. Wenzel & Traub 2001, S. 1) angesprochen, die mit den Kindern zusammen erarbeitet werden können. Auch die menschliche Darstellungsweise des Todes ist als sehr positiv zu werten. Die Kinder können entsprechend Terzanis Ansicht lernen, dass der Tod ins Leben integriert und es dadurch viel schöner werden kann, da es um diese Dimension reicher geworden ist (Vgl. Grammatikos zit. n. Terzani 2012, S. 3). Durch die Sympathie der Ente zum Tod und das vollkommen natürliche, menschliche Verhalten lernt das Kind, dass der Tod gut und nichts Schlimmes ist und sein muss. Er bewirkt nicht den Tod, sondern verschiedene Ursachen sorgen für ihn. Er begleitet die sterbenden Lebewesen durch die Zwischenwelt in ein neues Daseins. Das Kind kann den Tod als Faktor des Neubeginns akzeptieren, ohne ihn fürchten zu müssen. Dadurch kann es lernen und besser begreifen, den Tod geliebter Personen oder Tiere zu bewältigen und vorteilhafter mit der Trauer, dem Abschied, des Verlassenseins und -werdens umzugehen.

Negativ könnte sich die Vorstellung ausdrücken, dass der Tod der ständige Begleiter eines jeden Menschen oder Tieres ist und „hinter einem herschleicht", wie es das Bilderbuch darstellt. Dies könnte eine gewisse Angst in den Kindern produzieren, von ihm verfolgt zu werden oder ihn jede Sekunde erkennen zu können und dann in unmittelbarer Zukunft sterben zu müssen, wie es mit der Ente geschehen ist. Ebenso könnte Angst entstehen, wenn sie im Unterricht den Raben als Symbol des Todesboten kennenlernen und dann in der Realität einen Raben zu sehen bekommen. Auch vor den Ursachen, die im Buch genannt werden, die den Tod herbeiführen könnten (ein schlimmer Schnupfen, ein Unfall) könnte zusätzlich Angst produziert werden. Dies gilt gerade bei dem Schnupfen, den Kinder als auch Erwachsene bekannterweise öfter im Jahr bekommen. Aber auch, wenn ein Familienmitglied einen Unfall hatte, könnte sich diese Vorstellung darauf auswirken. Zu denken, dass diese oder man selbst sterben müsse, weil sie oder man selbst einen Unfall oder Schnupfen haben bzw. hat, könnte sehr belastend sein. Ferner könnte ebenso eine Gehemmtheit vor dem Einschlafen oder Schlafengehen entstehen. Zum einen wacht die Ente zwar lebend am nächsten Morgen wieder auf, nachdem sie neben dem Tod eingeschlafen ist und freut sich darüber, andererseits ist sie eines Wintermorgens tot, als der Tod neben ihr erwacht. Den Abend zuvor hatte er sie gewärmt. Das Kind könnte daraufhin Furcht vorm Schlafengehen entwickeln und eine Angst, der ständige Begleiter Tod könnte es im Schlaf umarmen, woraufhin es selbst sterben könnte. Es besteht in jeglichem Fall die Gefahr einer zu genauen Identifizierung mit der Person und dem Schicksal der Ente. Schlussendlich muss gesagt werden, dass Kinder bei der Behandlung dieses Bilderbuches dringend pädagogische Hilfestellung benötigen, da sonst viele wichtige Aspekte des Buches unter den Tisch fallen. Kinder sind nicht fähig die ganze Tragweite dieses Bilderbuches um den Tod selbst herauszufinden. So muss die Lehrkraft Unterstützung liefern, um die Darstellung des Todes und was diese mit sich an Positivem bringt, deutlich zu machen, als auch die Gefahren so gering wie möglich zu halten bzw. diese direkt anzusprechen, damit diese vermindert werden können. Auch die vier Faktoren bleiben sonst vor den Kindern verschlossen. Bei den Diskussionen benötigen sie die zusammenfassende, ordnende Gabe eines Erwachsenen.

3.2. Vergleich der Darstellungsweise mit anderen Bilderbüchern

Natürlich ist für die Behandlung des Themas Tod mit Bilderbüchern wichtig, dass sich nicht nur auf ein Bilderbuch beschränkt wird, sondern auch dieses mit den Vor- und Nachteilen sowie der Darstellungsweise des Todes der anderen Bilderbücher verglichen wird. Im Folgenden soll das bereits analysierte „Ente, Tod und Tulpe" von Wolf Erlbruch mit dem Bilderbuch „Gehört das so??!" von Peter Schössow in seiner Darstellungsweise vom Tod und demnach in seiner Eignung für die Behandlung des Themas Tod in der Grundschule verglichen werden.

Anders als in „Ente, Tod und Tulpe" wird bei „Gehört das so??!" von Peter Schössow der Fokus auf ein Mädchen gelegt, das ihren geliebten Vogel Elvis tot in einer roten Tasche mit sich umherträgt. Immer wieder erscheint hierbei die Frage „Gehört das so??!". Verwundert betrachten die Leute und der Leser das Mädchen, das mit sich und seiner durcheinandergebrachten Gefühlswelt kämpft. Man versteht es zunächst nicht und fragt sich, was bloß geschehen sei. Dann offenbart schließlich das Mädchen aus der Vogelperspektive heraus den Grund ihres Verhaltens: In der geöffneten Handtasche ist der tote Vogel zu sehen. Eine Gruppe Passanten im Park sowie der Leser nimmt nun Anteil an dem Schmerz und der tiefen Trauer des Mädchens, als es durch ein Begräbnis Abschied nimmt. Weiterhin sehen wir zum Schluss, dass die Protagonisten zusammen weinen, sich unterstützen und gemeinsam einen Weg finden, um mit dem Verlust klarzukommen. Es ist zu sehen, wie sich vorgestellt wird, dass Elvis in den Himmel kommt und dort auf Elvis Presley trifft. Trotz der traurigen Geschichte kann der Leser hier ein wenig unter Tränen lachen. Zurück bleibt der Kummer, jedoch auch das Gefühl, diesen nicht allein bewältigen zu müssen, da es Menschen gibt, die füreinander da sind und sich freundschaftlich Rückhalt geben, woraufhin die Trauer geteilt und aufgrund dessen nicht mehr ganz so schlimm erscheint.

In „Gehört das so??!" ist eine vollkommen andere, aber nicht minder interessante Herangehensweise an den Tod zu sehen. Der Tod wird nicht wie im anderen Bilderbuch personifiziert und tritt sofort auf, sondern er ist schon geschehen, wird als Teil des Lebens repräsentiert und seine Folge für die Hinterlassenen veranschaulicht. Es wird ebenso ein Mädchen, ein Kind, als Protagonistin genommen, welches ein geliebtes Tier verliert. Aufgrund dieser Wahl können sich die Kinder gut in das Leid des Mädchens hineinversetzen, da die meisten von ihnen zunächst ebenso erste Erfahrungen mit dem Tod durch den Verlust eines Haustieres machen, andererseits ist der Verlust eines Tieres für die Kinder greifbarer und besser zu akzeptieren, als hätte das Mädchen Mutter, Vater oder ein Geschwisterteil verloren. Die kindlichen Gefühle Wut und Trauer werden aufgegriffen. Ebenso lernen Kinder mit dem Buch besondere Bewältigungsstrategien kennen. Der Trauer freien Lauf zu lassen, Kummer zuzulassen, ein Begräbnis für den Abschied zu schaffen, sich an schöne Erlebnisse zurückzuerinnern und den Geliebten gehen zu lassen, beschreibt hierbei nur eine. Weiterhin wird gegen das Gefühl der Einsamkeit, des Gefühls, die Last des Todes allein tragen zu müssen (repräsentiert durch die schwere Tasche) angekämpft, indem Freunde im Buch dazugeholt werden, die das Kind in seiner Trauer unterstützen. Die Kinder können somit erfahren, dass sie nie allein sind und dass das Teilen der schweren Last diese umso leichter machen kann. Auch Diskussionen können hier angestellt werden beispielsweise über die Vorstellung über ein Leben nach dem Tod im Himmel. Negativ ist zu sehen, dass hier der Tod etwas Zerstörerisches an sich besitzt, da er das Kind so traurig macht und ihm den geliebten Vogel nimmt. Gleichzeitig jedoch wird angedeutet, dass er der Beginn von etwas Neuem sein kann, mit der Vorstellung, wie Elvis in den Himmel kommt. Dies bleibt jedoch bei der bloßen Hypothese, welche bei „Ente, Tod und Tulpe" besser herausgearbeitet wird. Dadurch, dass das Buch auch von einem echten Kind handelt, könnte es zu viel für die Kinder werden. Die Empathie ist dadurch zwar durchaus größer, jedoch ist das Buch sehr traurig, wodurch es sehr schwer und ergreifend für die Kinder werden kann.

Meiner Meinung nach sind beide Bücher gleich gut für die Grundschule geeignet. Jedes Bilderbuch an sich bietet Vor- als auch Nachteile und unterschiedliche Herangehensweisen an den Tod. Ich würde jedoch das Buch von Wolf Erlbruch bevorzugen, da die Darstellung des Todes viel freundlicher, herzergreifender und vor allem menschlicher ist. Es besteht ein liebevolles Kennenlernen zwischen Leben und Tod und es entsteht vor allem keine Angst vor den Folgen des Todes dabei. Alles in allem ist der Tod dort keinesfalls negativ besetzt, auch wenn einem bewusst wird, dass man mit der Ente aus dem Leben scheidet. Der Tod wird als Neubeginn und durch die vier wesentlichen Faktoren gekennzeichnet. Die Eignung für die Grundschule ist daher vor allem für die unteren Klassen durchaus sehr gut vorhanden. Da „Gehört das so??!" von der emotionalen Ebene anspruchsvoller, aber keineswegs deshalb schlechter ist, würde ich es erst in der dritten Klasse aufgreifen oder, wenn ähnliche Schicksalsschläge bei Kindern in der ersten und zweiten Klasse existieren, auch dort schon, da es konkrete Lösungsvorschläge bietet. Ich mache die Eignung daher an der Entwicklung der Kinder (emotionale Ebene – was können Kinder in diesem Alter schon verkraften), der Darstellung der Figuren (Mensch vs. Tier, Darstellung des Todes) und den eigenen Erlebnissen und Erfahrungen fest.

3.3. Mögliche Ansätze zur Behandlung des Themas Tod in der Grundschule

Wenzel und Traub haben ebenso einige Vorschläge gesammelt, wie in der Grundschule das Thema Tod behandelt werden kann. Ihrer Ansicht nach ist es wichtig, dass sich die Kinder mit dem eigenen Tod und mit der Vorstellung über das Totsein auseinandersetzen (Vgl. Wenzel & Traub 2001, S. 5). Nach Rainer Oberthür kann es hierbei hilfreich sein, die Kinder ein Bild darüber malen zu lassen, versehen mit dem Titel: „Wenn ich einmal tot bin" (Vgl. Wenzel & Traub zit.n. Oberthür 2001, S. 5). Ein Gespräch danach über die Bilder bzw. ein Aufgreifen der Themen auf den Bildern (z.B. ein Leben nach dem Tod) muss anschließend gewährleistet sein (Vgl. Wenzel & Traub zit.n. Oberthür 2001, S. 5). Diese Möglichkeit kann einerseits die Kinder zum Nachdenken über ihre eigenen Vorstellungen zum Tod bringen sowie können sie sich hinterher auch über diese austauschen und die Gedanken anderer Kinder kennenlernen, andererseits kann dies aber auch für die Lehrkraft hilfreich sein, um sich ein Bild davon zu machen, wie weit die Vorstellungen der Kinder reichen. Bei der Auswahl von beispielsweise Bilderbüchern über den Tod kann dies äußerst hilfreich sein, wenn die Lehrperson nicht danebengreifen möchte. Ein zuvor behandeltes Bilderbuch über den Tod („Ente, Tod und Tulpe" von Wolf Erlbruch) und eine nachträgliche Bearbeitung von diesem oder anderen möglichen Arbeitsaufträgen kann die Lehrperson darin bekräftigen, noch weiter in die Materie zu steigen (beispielsweise durch „Gehört das so??!" von Peter Schössow) oder die Sache zunächst auf sich beruhen zu lassen und bei fortgeschrittener Entwicklung noch einmal aufzunehmen. Weitere mögliche Arbeitsaufträge können nach Wenzel und Traub ebenso sein: „So stelle ich mir den Himmel vor" (Vgl. Wenzel & Traub 2001, S. 6). Dieser Arbeitsauftrag könnte gut nach „Ente, Tod und Tulpe" oder aber auch „Gehört das so??!" angewendet werden, da in beiden Büchern das Motiv des Himmels vorkommt. Bei „Ente, Tod und Tulpe" könnten sich die Kinder fragen, ob nun die Ente wirklich in den Himmel kommt, d.h. zum Engel wird, auf einer Wolke sitzt und die Erde von oben betrachtet (Vgl. „Ente, Tod und Tulpe"), wie die Ente es sich vorstellt. Dafür könnten die Kinder sammeln, wie sie sich gemäß der Überschrift an der Tafel den Himmel vorstellen. Die angeführten Assoziationen und Ideen können dann an der Tafel festgehalten werden (Vgl. Wenzel & Traub 2001, S. 6). Daraufhin darf jedes Kind seinen persönlichen Himmel malen (z.B. auf farbigem Papier oder mit Kreide) (Vgl. Wenzel & Traub 2001, S. 6). Anschließend werden die Bilder dann im Sitzkreis vorgestellt oder es dürfen Fragen gestellt werden. Weitere Diskussionen können sich daraus ergeben. Auf Wunsch des Kindes braucht es aber auch nichts über sein Bild sagen (Vgl. Wenzel & Traub 2001, S. 6).

Dies sind nur ein paar der möglichen Ansätze, wie der Tod in den Unterricht integriert werden kann. Am besten eignet sich direktes Aufgreifen der angesprochenen Themen im Bilderbuch, ein Gespräch über verschiedene Interpretationen von Text und Bildern, erweiterte Fragen (Warum holt der Tod die Ente nicht zu Beginn ab? Was erwartet die Ente nach dem Tod? - Ein Leben nach dem Tod? Wieso stirbt die Ente, ohne dass der Tod etwas dazu geleistet hat? Warum gibt der Tod der Ente die Tulpe mit?) oder Diskussionen oder erweiterte Aufträge unmittelbar im Abschluss („So stelle ich mir den Himmel vor"). Bezüglich des literarischen Lernens bei „Ente, Tod und Tulpe" wäre es auch durchaus eine Idee, sich die Verfilmung des Bilderbuchs auf diversen Plattformen beispielsweise YouTube anzusehen. Dadurch werden die Figuren für die Kinder lebendig und sie können sie noch intensiver wahrnehmen. Die Vorstellung der beteiligten Personen nimmt ebenso auch bei Kaspar H. Spinner eine zentrale Bedeutung ein. Die Perspektiven der Ente und des Todes wahrzunehmen, in ihnen etwas Eigenes und Vertrautes, aber auch die Befremdlichkeit wahrzunehmen, können die Kinder unter Spinners Aspekt des „literarischen Verstehens" erfahren (Vgl. Spinner 2006, S. 9). Vor allem gilt dies für die Gestaltung des Todes, in welchem die Kinder literarisch kennenlernen können, sich mit ihm in gewisser Weise zu identifizieren, da er ebenso wie die Ente, bei welcher sie wahrscheinlich mehr dazu fähig sind, die Perspektive zu teilen, menschliche Eigenschaften vertritt, obgleich mehr die der Erwachsenen. Daraufhin können die Kinder durch Erlbruchs Darstellung vom Tod eine Selbstreflexion erfahren (Vgl. Spinner 2006, S. 9), da der Tod durch seine „Irritation durch die Andersartigkeit" (Spinner 2006, S. 9) die Kinder dazu anregt. Dies sind lediglich ein paar Ansätze, wie literarisches Lernen mit Hilfe der Figuren in „Ente, Tod und Tulpe" praktiziert werden kann. Es gibt bei Weitem natürlich noch weitere.

Durch die zahlreichen und verschiedenen Herangehensweisen von Bilderbüchern an den Tod können durchaus verschiedene Ansätze entwickelt und durchgesprochen werden. Dabei ist jedoch vor allem darauf zu achten, dass wenige solcher qualitativer Bilderbücher im Unterricht behandelt werden und nicht quantitativ übermäßig. Wenn nämlich zu viel behandelt und durchgesprochen wird, verlieren die Schüler nicht nur die Lust an dem, sondern auch ihre Sensibilität für das Thema. Daher sollte die Lehrperson auf wenige qualitative Bilderbücher zurückgreifen, die sie jedoch dann intensiv behandelt und bespricht.

4. Schlussbetrachtung

Das Thema Tod und seine Verknüpfung mit dem Deutschunterricht der Grundschule mit Hilfe der Behandlung von Bilderbüchern stellt nach wie vor ein komplexes Thema dar. Der Ausblick besteht darin, dass sich jede Lehrperson mit diesem Thema auseinandersetzen sollte, um den Kindern auch zukünftig die Chance gewährleisten zu können, Bewältigungsstrategien auszubilden als auch Raum und Zeit für schwierige Themen aus der kindlichen Lebenswelt zu finden. Die Grundschule muss als Sozialisationsinstanz die Eltern und Familienangehörigen unterstützen, insofern diese bestimmte für die Entwicklung zentrale Schritte nicht vollends gewährleisten können. Andererseits können Kinder auch zentrale unterrichtsspezifische Handlungsweisen im Fach Deutsch durch die Behandlung von Bilderbüchern erwerben als auch literarisch lernen. Bilderbücher sollten daher von Erwachsenen nicht mehr als reine Kinder- und Spaßbücher durch das bloße Anschauen der Bilder verstanden werden, sondern als Medium, mit welchem sich zu bearbeiten lohnt, da die Kinder als auch wir Erwachsenen von ihnen lernen können. Kinder benötigen obendrein die Hilfestellung von Erwachsenen, die sich vorher selbst intensiv mit der Bedeutsamkeit des verwendeten Bilderbuchs auseinandergesetzt haben, um die gesamte Tragweite von diesem verstehen zu können. Dies leistet im Grunde genommen die pädagogische Arbeit der Lehrperson.

Im Hinblick auf die in der Einleitung formulierten These, dass die Auswahl unterschiedlicher Bilderbücher ein verschieden ausgeprägtes Verständnis vom Thema vermittelt und demnach auch eine spezifische Sichtweise auf das Thema gefördert werden kann, konnte diese durch den Vergleich der beiden Bilderbücher „Ente, Tod und Tulpe" von Wolf Erlbruch und „Gehört das so??!" von Peter Schössow bewiesen werden. Dementsprechend konnte gezeigt werden, dass, um zu generalisieren, alle Bilderbücher sowohl Vor- als auch Nachteile besitzen, die unterschiedliche Anforderungen, einen unterschiedlichen Umgang mit dem Thema und schlussendlich damit eine unterschiedliche Eignung für den Unterricht innehaben. Inwiefern diese für den Unterricht geeignet sind, ist abhängig davon, welche Parameter die Lehrperson diesen bei der Betrachtung zugrunde legt als auch von ihrer eigenen Meinung und emotionalen Erfahrung. Oft hilft allein schon, die eigenen Gefühle, die bei dem Lesen als Erwachsener entstehen, zu hinterfragen und zu entscheiden, ob diese für Kinder eventuell zu viel oder durchaus bei entsprechender pädagogischer Aufbereitung greifbar sind. Ob ein Lehrer ein Bilderbuch daher als „geeignet" und „verwendbar" empfindet, liegt daher auch im Grunde bei ihm und seinen persönlichen Ansichten als auch Wertevorstellungen. Diese

Diskrepanz zwischen den unterschiedlichen Meinungen über ein Bilderbuch konnte auch bei den anschließenden Diskussionen und Meinungszusammentragungen im Rahmen der verschiedenen Referate des Seminars dieser verfassten Arbeit bestätigt werden. Entscheidend sollte bei der Bearbeitung eines Bilderbuch nur sein, sich als Lehrperson auch um die Grenzen und Nachteile bewusst zu werden, um diese beachten bzw. mit den Kindern ebenso besprechen zu können, um somit entstandenen Ängsten wirkungsvoll zu begegnen.

5. Literaturverzeichnis

Bauer, M. (Hrsg.) (2015). Tod. Zugriff am 26. September 2015 http://www.uni-protokolle.de/Lexikon/Tod.html.

Duden (2015). Tod, der. Berlin: Verlag Bibliographisches Institut GmbH. Zugriff am 26. September 2015 http://www.duden.de/rechtschreibung/Tod.

Grammatikos, S. zit. n. Terzani, T. (2008). Das Ende ist mein Anfang: Ein Vater, ein Sohn und die große Reise des Lebens. München: Wilhelm Goldmann Verlag, S. 394.

Grammatikos, S. zit. n. NDR Kultur (2010). Glaubenssachen. In: NDR.

Grammatikos, S. (2012). Tod als Thema im Unterricht der Grundschule. In: Methoden für Deutschunterricht und Leseförderung, Carlsen Verlag. Zugriff am 26. September 2015 http://www.carlsen.-de/sites/default/files/sonstiges/1211_Metamodell_Tod.pdf.

Hirschberg, C & Diakonisches Werk der Evangelischen Kirche (Hrsg.) (2002). Wie Kinder trauern: Kinder in ihrer Trauer begleiten. In: Der andere Advent 2002 / 2003, Leinfelden-Echterdingen: Zentraler Vertrieb des Diakonischen Werkes der EKD, S. 23ff. Zugriff am 26. September 2015 http://kita.zentrumbildung-ekhn.de/fileadmin/kita/pdf/Wie-Kinder-trauern.pdf.

Kasten, P. W. (2003). Spirituelles- Druidisches- Schamanisches-Sammelsurium. Daraus: Esche-Geborene. Norderstedt: Book on Demand GmbH, S. 73.

Kienberger, F. zit. n. Streckeisen, U. (2001). Die Medizin und der Tod: Über berufliche Strategien zwischen Klinik und Pathologie (Biographie & Gesellschaft). Opladen: Leske + Budrich. In: Der Tod und seine Spuren im Leben: Aktuelle Erkenntnisse und Einblicke über das Jenseits. Norderstedt: Book on Demand GmbH, S. 182.

Kienberger, F. zit. n. Medizin Lexikon (2009). Der Tod und seine Spuren im Leben: Aktuelle Erkenntnisse und Einblicke über das Jenseits. Norderstedt: Book on Demand GmbH, S. 181ff.

Kirschner, J. (Hrsg.) (2015). Träume deuten - Traumtagebuch führen. Daraus: Traumsymbol Schnee. Zugriff am 28. September 2015 http://www.joakirsoft.de/index.php?s=schnee.

Lorz, J. (2011) zit. n. Schulz (2005). Eine pädagogisch-didaktische Beurteilung des Bilderbuches "Ente, Tod und Tulpe" von Wolf Erlbruch. München: GRIN Verlag.

Lorz, J. (2011) zit. n. Hollstein, G. & Sonnenmoser. M. (2006): Eine pädagogisch-didaktische Beurteilung des Bilderbuches "Ente, Tod und Tulpe" von Wolf Erlbruch. München: GRIN Verlag, S. 68 – 75.

Meadows, K. (2000). Ihr persönliches Indianerhoroskop – Krähe. Daraus: Der Rabe / Krähe. Freiburg: Bauer Verlag.

Rogge, J.-U. (2015). Wenn Kinder Angst haben - Interview mit Stefanie Eckmann-Schmechta für die Kinderbuch-Couch. Zugriff am 26. September 2015 http://www.kinderbuch-couch.de/wenn-kinder-angst-haben-interview-mit-jan-uwe-rogge.html.

Sonderpaed-online.de (Hrsg.) (2015). Dimensionen von Tod im Leben eines Kindes oder Erwachsenen. Daraus: Entwicklung des kindlichen Todesverständnisses: Entwicklung des Todeskonzepts nach Piaget. Zugriff am 27. September 2015 http://www.sonderpaed-online.de/wiss/tol/tol.htm.

Spinner, K. H. (2006). Literarisches Lernen. In: Praxis Deutsch, Jg. 33, Heft 200/2006, S. 6ff.

Wenzel, A. & Traub, O. (2001). Tod und Auferstehung – Wie mit Kindern darüber sprechen?: Möglichkeiten zur Behandlung des Themas in der Primar- und Sekundarstufe. In: Staatliches Seminar für schulpraktische Ausbild, Albstadt / Ebingen: Fachbereich Katholische Religion, S. 1 – 6.

Wenzel, A. & Traub, O. zit. n. Oberthür, R. (1998). Aus: Kinder fragen nach Leid und Gott – Lernen mit der Bibel im Religionsunterricht. München: Kösel Verlag.

Wenzel, A. & Traub, O. zit. n. Oberthür, R. (1995). Aus: Kinder und die großen Fragen – Ein Praxisbuch für den Religionsunterricht. München: Kösel Verlag.

Zehnder, D. (2007). Stufen der kognitiven Entwicklung und Todeskonzepte. Daraus: Stufen der kognitiven Entwicklung (Piaget). In: Kinderspital Zürich.

BEI GRIN MACHT SICH IHR WISSEN BEZAHLT

- Wir veröffentlichen Ihre Hausarbeit,
  Bachelor- und Masterarbeit

- Ihr eigenes eBook und Buch -
  weltweit in allen wichtigen Shops

- Verdienen Sie an jedem Verkauf

Jetzt bei www.GRIN.com hochladen
und kostenlos publizieren